シアへの手紙

エルバート・ハバード
アンドリュー・S・ローワン
三浦 広＝訳

角川文庫
23515

はじめに

『ガルシアへの手紙』は、著者のエルバート・ハバードが「一時間で書き上げた」という話もあるくらいの、とても短いものだ。

この物語は多くの人たちの共感を得て、百年以上にわたって読み継がれ、これまでになんと一億人以上の人々が読んだとされるほどの世界的ベストセラーとなった。

日本に初めて紹介されたのは日露戦争の頃であったが、近年も、『ビジネスマンの父より息子への30通の手紙』(キングスレイ・ウォード著、城山三郎《しろやまさぶろう》訳、新潮文庫)の中で取り上げられていたり、様々な形で紹介されていたりするので、ご存知の方もおられるだろう。

物語は、「アメリカ―スペイン戦争」が起きた一八九八年頃の出来事がもとになっている。

アメリカのすぐ近く、まさに裏庭的な場所にキューバがあるが、当時はスペイン領だった。このことは、アメリカにとっては気持ちがいいことではない。

そんなとき、キューバでスペインからの独立運動が起きる。当然、アメリカはそれを全面的にサポートすることになり、これがスペインとの戦争へと発展していくことになる。

当時のアメリカ大統領・マッキンレーは、キューバの独立運動のリーダーであるガルシアとどうしてもコンタクトを取りたかった。

今から約百二十年も前の話である。当然、通信機器などに頼るわけにはいかない。

それに、そもそもガルシアがどこにいるのか、だれも知らなかったのだ。

そこへ、ある人物が「ローワンという男なら、ガルシアへ大統領の書簡を届けることができるだろう」と大統領に推薦する。そして、さっそくローワンが呼ばれることになった。

ローワンは大統領からの書簡を受け取ると、そのままボートに乗り、キューバに行き、敵陣に潜入し、四週間後には任務を全うし無事生還したのだ。

物語としてはこれだけのことだが、ここでハバードが称賛したのは、ローワンの「自主性」と「行動力」だった。

それは、「この男こそブロンズで型にとり、その銅像を国中の学校で永遠に置くべきである！」というほどのものであった。

普通、いきなり「所在がよくわからない男に手紙を届けてこい」といわれたら、いろいろ確認したくなるものである。しかも、危険極まりないところに一人で行かなくてはならないのである。

「その人、どのあたりにいますかね？」といった質問の一つや二つ、したくなるものだ。しかし、ローワンは命令に対して一切質問することはなかった。

また、命懸けの任務であるにもかかわらず、指令を受けた後すぐに動き出すという、その図抜けた行動力は、やはり特筆すべき点である。

「自主性」や「行動力」は、現代の我々にとっても、成功をつかむ上で求められる大きなテーマであるが、その最高のお手本が、すでに百年ほど前に実在したのである。

ハバードは、よくローワンを理解した上で、その偉大さ、素晴らしさを『ガルシアへの手紙』の中で簡潔に示しているが、そこには経緯の詳細がまったく書かれていないため、物語を読んだら「実際にローワンがどのようにしてガルシアへ手紙を届けたのか？」ということが、当然、知りたくなる。

そこで本書は、ローワン自身がその経緯の一部始終を著した手記『ガルシアへの手紙を、いかに届けたか』も収録した完全版として刊行することとした。

私も『ガルシアへの手紙』から、生きていく勇気と希望を与えられた。そしてローワン自身の手記からは、生き方の大事なところを、より一層、深く、強く、詳しく教わった。

そこで私なりに、それぞれの物語のどこに注目し、どの点を学び、それをどのように人生に役立てていくべきか、というところまで解説してみた。

本書が、さらに今後百年以上にわたって、『ガルシアへの手紙』が読み継がれていくための、一つのバトンとなることを切に願っている。

三浦　広

目次

はじめに　3

第一部　一億人が読んだ物語『ガルシアへの手紙』　15

第一章　『ガルシアへの手紙』　エルバート・ハバード　17

第二章　解説『ガルシアへの手紙』から学べること　三浦広　31

希望と勇気が人間を輝かせる　32

できる人、できない人　36

何とかする人　42

成功する人　46

成長する人　50

私は必ずガルシアに手紙を届けてみせよう！　54

第二部　『ガルシアへの手紙』の主人公、ローワンによる完全実話の手記に学ぶ

ローワンによる完全実話の手記に学ぶ　61

第三章　ローワンの手記

『ガルシアへの手紙を、いかに届けたか』　アンドリュー・S・ローワン　63
ローワンによる、すべて実話の手記　64
プロローグ　66
ローワンの手記　その一　69
突然の指令　70
ジャマイカにて　72
ローワンの手記　その二　77
船でガルシアのいるキューバへ　78
最大の危機　80

敵の戦闘地域に入る　83
いよいよキューバに上陸する　87
ローワンの手記　その三　91
キューバでの行軍の開始　92
スペイン軍脱走兵　96
襲撃を受ける　98
ガルシアがいるバヤモへ到着　104
ついにガルシアと会う　106
ローワンの手記　その四　111
帰路につく　112
アメリカへの帰還　116
第四章
解説　ローワンの手記から学ぶべきこと　三浦広　119
英雄の条件　120

成功する人の条件　124
くり返し読むべき名著　131
おわりに　135
付録　エルバート・ハバードの言葉　139
解説　茂木健一郎　150

第一部

一億人が読んだ物語
『ガルシアへの手紙』

第一章 『ガルシアへの手紙』

エルバート・ハバード

キューバ紛争がらみにおいて、私の記憶の中で、まるで、火星が大接近してきたときのように、最もはっきりと思い出すことができる人物がいる。

アメリカとスペインとの間で、キューバをめぐって戦争が起きたとき、合衆国は、どうしても、すぐにキューバ反乱軍のリーダーと連絡を取らなくてはならなかった。

そのリーダーの名はガルシアという。

キューバの山奥の要塞《ようさい》にいるらしい。

それがどこにあるのかは誰も知らない。

郵便も電報も届かない。

しかし、大統領はガルシア将軍の協力を取りつけなくてはならないのだ。

そしてそれは、緊急を要する。

どうすればいいのだ！

誰かが大統領にこういった。

「ガルシアを見つけ出せる人間がいるとしたら、それは、ローワンという名の男です」

そしてローワンは呼ばれ、大統領からガルシアへの手紙を受け取った。

私は、ローワンという名の男が、どのようにガルシアへの手紙を受け取り、それを防水の小袋に密封し、革ひもで胸にしばりつけ、四日後の夜に小舟でキューバの海岸に上陸し、ジャングルの中に消えていき、敵地を歩いて横断し、ガルシアに手紙を渡し、三週間後に戻ってきたかを、詳しく語ろうとは思わない。

注目すべきは、次の点である。

それは、マッキンレー大統領がローワンにガルシアへの手紙を渡した際に、彼は「ガルシアはどこにいるのですか」と聞かず、その手紙を黙って受け取ったというところである。

この男こそブロンズで型にとり、その銅像を国中の学校で永遠に置くべきである！

若い人たちに必要なのは、学校における机の上の勉強ではなく、また、あれこれの細かな教えでもない。

ローワンのように背骨をビシッと伸ばしてやることである。

自らの力で物事に取り組もうという精神を教えることである。勇気を教えてやることである。

そうすれば若い人たちは、信頼に忠実に応えられる人物、すぐ行動に移すことができる人物、精神を集中できる人物となり、そしてガルシアに手紙を持っていく人物となるであろう。

ガルシア将軍は、もうこの世にはいない。

しかし、他にもガルシアたるべき人はいる。

たくさんの手助けを必要とする事業を成し遂げようと努力した人であれば、普通の人間が、いかに愚かで、無能であるかを知って、絶望的になったことがあるに違いない。

一つのことに集中できない、また、やろうとも思わない者がたくさんいる。まったくあてにならない手助け、ばかな不注意、どうしようもない無関心、いいかげんな仕事の遂行が当たり前になっているのだ。

おそらく、そういう者たちをひっかけたり、だましたり、おどかしたりして強制的にやらせるか、お金でつったりしてやらせるか、あるいは、恵み深い神が奇跡を起こし光の天使をアシスタントとして送ってくださらない限り、誰も事業を成功させることはできないだろう。

皆さんに、ちょっと試してほしいことがある。

今、あなたはオフィスにいる。

そしてすぐ近くに六人の部下がいる。

その中の一人を呼び、次のように頼んでみてほしい。

「コレッジョの生涯について、百科事典で調べ、簡単なメモをつくってほしい」と。

命じられた部下は、「わかりました」と、その頼まれた仕事をやるだろうか。

おそらく彼は、そうしないはずだ。

彼は、どんよりとした、やる気のない目であなたを見て、次のような質問の一つや二つをするに違いない。

「コレッジョとはどんな人ですか」
「どの百科事典を調べるのですか」
「百科事典はどこにあるのですか」
「私はそのためにここで仕事をしているんですか」
「ビスマルクのことですか」
「チャーリーにやらせたらどうですか」
「コレッジョは生きている人なんですか」
「急ぐんですか」
「私が百科事典を持ってきますから、ご自分で調べられたらどうでしょう」
「何のために知りたいんですか」

あなたが質問に答えて、どのように情報を求めるか、なぜ必要なのかを説明した後に、その部下は、十中八九、他の社員に〝コレッジョ〟を見つける手伝いをさせた上で、「そんな〝コレッジョ〟というような男はいません」とあなたに報告するであろう。

私は、このことをあなたと賭《か》けてもよい。

もちろん、私は、この賭けに負けるかもしれない。

しかし、多分、私は負けないはずである。

さて、あなたがもし賢明であれば、手伝いを頼んだ部下に「コレッジョの頭文字はKではなくCだよ」と説明なんかしないで、とってもやさしい笑顔で「もういいよ」といい、そして自分でコレッジョを調べるであろう。

こうした自主的行動力、道徳心のかけら、意志力の失《う》せている、そして自ら進んで気持ちよく頼まれごとを引き受けない人が多いために、いつまでたっても、本当の意味での「理想の福祉社会」は実現できないのだ。

自分たち自身のためにだってろくに行動しない人たちが、果たして、みんなのためになることをするものだろうか？

秘書を求人広告で探しても、応募者たちは、十人のうち九人までが言葉を正しく知らないし、句読点を打つこともできない。

そして、そのことが大切だとさえもわかっていない。

そんな人にガルシアへの手紙を書かせられるであろうか？


「経理担当の彼ですけど」

とある大きな工場の責任者が私にいった。

「彼がどうしたんだい」

「彼は、経理マンとしては使えるのですが、街に所用で行かせるとですね、ちゃんと用を済ませるときもありますが、そうでないときがあるんです。途中、四軒の店に寄って、お酒を一杯ずつひっかけ、メインストリートに着いたときは、何の用で使いに来たのかさえ忘れてしまうことがあるんです」

こんな男に、ガルシアへの手紙を届けるように頼めるだろうか？

私たちはこの頃、次のような同情的意見を聞く。

「虐《しいた》げられ、使い捨てにされる人たち」

とか、

「自分にふさわしい仕事を求めて歩く、かわいそうな人たち」

という言い方である。

そして、それは大体、経営者たちへの厳しい言葉を伴っている。

だらしなく、まったくの役立たずのために、少しでもまともな、知的な仕事をさせてやろうとむなしい奮闘を続け、実際の年齢よりも老け込む経営者や、しっかり見ていないとサボる人ばかりの中で、「助けてくれる（はずの）人」を求めて、ずっと辛抱強くがんばっている経営者たちに対しては、私はいうべき言葉もない。

どの会社でも、どの工場でも、不要なものを削減する行為はいつも続けられている。

経営者は、利益に何の貢献もできない、「助けてくれる（はずだった）人」を絶えずクビにし、代わりの人を採用し続けているのだ。

たとえ、どんな好景気になっても、この人員の整理は続けられるであろう。ましてや、不景気な時代ともなり、仕事が少なくなってくると、この人員整理は一層厳しくなってくるに違いない。

無能でまったく役に立たない人間には職がなくなってしまい、そして、二度と仕事に就けなくなってしまうのだ。

これが適者生存というものである。

すべての経営者は、自分たちの利益を生み出すことに最も貢献する人間、すなわち、ガルシアに手紙を届けることのできる人たちだけを残すからである。

私が知っているある男は、自分で会社の経営をするような能力はないにしても、とても優れた面を持っている。

しかし彼は、まったく他人の役には立たない。

なぜなら、彼は、自分の雇い主が、いつも自分を虐げ、あるいは虐げようとしていると思い込んでいるからだ。

彼は他人に命令を与えることも、命令を受けることもできない人間なのである。

彼に、ガルシアへの手紙を届けるように頼んだら、きっとこういう。

「自分で届けたらいいじゃないか！」

今夜も、私が知るその男は、仕事を求めて街をさまよっている。

風が、その擦《す》り切れて糸さえ見えるコートを通り抜け、ヒュー、ヒューと鳴っている。

彼をよく知る人間は、彼を決して雇いはしない。

当たり前だ。いつも彼は、まわりの人々に不満の扇動《せんどう》をするからだ。

彼に、それがいかによくないことかをわからせることはできない。

唯一、それをわからせることができる方法は、底の厚い革のブーツで蹴飛《けと》ばしてやることだ。

もちろん私にだって、いろいろなハンディキャップを持っている人と同じように、このような人間に、同情すべき点もあることはわからないではない。

しかし、私たちは、大変な事業の経営に必死に取り組み、終業時間になろうが関係なしに働き続ける人たちにも、そして、無能でだらしのない、心ない恩知らずたちを率いて、戦うことを強いられ、髪も白くなってしまった人たちへも、一滴でいいから、憐《あわ》れみの涙を流してやろうではないか。目を向けてやろうではないか。

もし、彼らの事業がなければ、その下で働く者たちの仕事はなくなるし、生活もままならなくなってしまうのだ。

私はいいすぎているだろうか。

確かに、そうだろう。

しかし、世の中全体が変化の激しい大変な時代となってきた今、私は、成功した人に同情の言葉を述べたいと思う。

この成功者たちは、ほとんど勝ち目のない戦いに挑み、他の人々に努力を求め、そして何とか成功しつつ、にもかかわらず、自分にはただ住むところと着る物を除いてほとんど大したものは残らないのだ。

私は、弁当を持参し、日雇いの仕事をしたこともあるし、人を雇ってもきた。

だから、両方について語っても許してもらえると思う。


貧乏はよくないことだ。

ぼろを着ることをほめてはいけない。

そして、すべての貧しい人が高潔であるとはいえないように、すべての経営者が強欲《ごうよく》で横暴であるともいえない。


私の心が引きつけられる人とは、上司がいようと、上司がいまいと、自分の仕事をきちんとする人である。

そして、ガルシアへの手紙を頼まれたなら、その親書を静かに受け取り、バカな質問をせず、近くの下水に捨ててしまおうなどとも思わず、ガルシアへ届けることに全力を尽くす人は、決して仕事をクビになることはないし、賃金の値上げを求めてあれこれ画策《かくさく》する必要もない。

文明とは、そんな人を探し求め続ける、一つの長い道程《みちのり》なのである。

この、ガルシアに手紙を届けるような人の願いは、何であろうと聞き入れられる。

このような人は、どこの都市でも、どこの町でも、どこの村でも求められている。

このような人は、どこの会社でも、どこの店でも、どこの工場でも求められている。

世界中が、このような人間を、必死に、呼び求めているのだ。

「ガルシアへの手紙を届けられる」人間は、どこでも、本当にどこでも、必要とされているのだ。

第二章

解説　『ガルシアへの手紙』から学べること

三浦広

希望と勇気が人間を輝かせる

この『ガルシアへの手紙』を読んで感じるのは、人がその人生において輝くかどうかは、希望と勇気を自分の胸に抱けるかどうかにかかっているということである。

人ほど、気持ちのありようで変わる生き物はない。希望を持てない人はつらい。そして、さびしい。生きていくことは、確かに大変なことだ。いいことばかりではない。しかし、それでも、「何とかやっていくぞ」と思えるのは、何かしらの夢や希望があるからである。それを信じて、前に一歩でも進もうとするからである。

夢や希望を見失った人、やる気のない人、意欲のない人は、生きていくことさえつらくなる。ハバードがいうように同情すべき点もあるのかもしれない。きっと、何か原因があるに違いない。

しかし、そのまま立ち直れないのではいけない。なぜなら、それは単に他人に甘えているだけだからだ。きっと、誰かが自分を助けてくれるであろうことを心のどこかで望み、期待しているからだ。

人は、それぞれに課題を抱え、悪戦苦闘している。本当は他人のことなど構っている余裕はない。

自分自身を励まして、明るく振る舞い、前を向いて進もうと努力することで、精一杯なのである。そして、できるだけの範囲で他人を助けようとする。

できるならば、もっと他人のために役立ちたいと思う。そのためには、もっともっと力をつけなくてはいけない。そんなときに、つまらない小さな小さな問題で足を引っ張る人がいたら……。

いつまでも弱い人は、ある意味でぜいたくな人といえなくもない。自分の夢や希望を持ち続けることを止め、他人に頼ろうというのだから。

弱い人というのは、実は人間としてとてもよい性質を持っている人が多いと思う。だから、傷つきやすい。

感じる力が強いともいえる。伸びていく、成長していく上で最も大切な、感受性の強さを持っているともいえる。
だからこそ、私は、強くいいたい。

自分の力で生きて、生き抜くのだ、と。
もう一度、夢と希望を持つのだ、と。

それが人間ではないか。人たる者の生きていく義務ではないか。
人間として生まれてきた以上、本当の人間としての生き方をしようではないか。

夢と希望を持ち続けようではないか。
何とか踏ん張って、希望の星の光を見失わないでいれば、必ずや『ガルシアへの手紙』を届けられるはずだ。何とかやり抜けるものだ。そして、人として生きていく喜びを感じられるのだ。

勇気、それは自分の成長への意欲のことだ。

そして勇気は、他人への思いやり、他人への愛でもある。

勇気ある人こそ自分の心を前に向かせ、物事に挑戦し、何とか乗り越え、自分をだんだんと伸ばしていく。それは他人に役立つ人である。

ガルシアに手紙を届けたローワンもその一人だ。

勇気ある人は、人を頼りにしない。頼りになる人を目指すのだ。目の前の課題に自ら挑むのだ。

「ガルシアがどこにいるのかを教えてくれ」などという質問もしないし、他の人に任せようとか、途中で引き返そうとか考えない。

自分に期待された役割に挑み続けることによって、自分とまわりの人たちの人生が開け、社会が進歩すると考える。こういう人の存在が社会の力となり、国の力となる。

勇気ある人こそ、どの社会でも最も必要とされている。

勇気ある人は、利害だけでは動かない。自分が必要とされていること、そしてまわりの人たち、ひいては社会のために役立つことであれば挑戦しようという気持ちを持っているものである。

しかも、この勇気がある人こそ、実は自己実現もできる人なのだ。

世の中は、やはり一人では生きていけない。まわりの人たちの存在、支えがあってこそなのだ。その世の中で成功しようという人は、まわりの人たちの「さすがにこの人は頼りになる」との尊敬、信頼が必要となってくるのだ。

だから勇気ある人は、世の中からの支持を受け、頼りにされ、そしてなくてはならない人になるのである。

できる人、できない人

『ガルシアへの手紙』の著者、エルバート・ハバードは、かなりはっきりと物をいう人である。

つまり、できる人は少ない。そして、できない人に同情し憐れむより、できる人に目を向けろというのだ。

私たちにとって耳が痛いことをズバリという。

「無能」「愚か」「あてにならない」「無関心」「いいかげん」「自主的行動がで

きない」「道徳心のない」「意志の力のない」「他人に頼ってばかりいる」「命令を与えることも、受けることもできない」「不満だらけ」「だらしのない」「恩知らず」「ばかな質問ばかりする」などと、よくここまで批判の言葉を並べたものである。

しかし、この本が世界中で読まれて、絶大な支持を得てきたというのだから、世の中は不思議なものだ。

人は、他人を厳しい目で見る。他人を見る目は自分を見る目よりかなり厳しくなる。

だからこそできる人というのは、どこでも歓迎されるし、貴重な存在なのだ。

しかし、できる人といわれるためには、それなりの条件がいる。

それは何か？『ガルシアへの手紙』を参考にしつつ、私なりに考えてみたい。

まず、気概と熱意があること。

自分の生き方をしっかりと定め、「こういう人間になるぞ」という意欲を強く持つこと。

気概とは、エルバート・ハバードがいうように、「背骨をピシッと伸ばす」ことである。

何があっても自分の背骨、つまり生き方を変えないぞ、「自分でやるぞ」という、強い強い覚悟を持つこと。

熱意はエネルギー、燃え続ける思い、自分を鼓舞《こぶ》し続ける気持ちである。なんとしてもガルシアに手紙を届け、大統領の期待に応え、ひいてはアメリカ国民を喜ばせてやるという気持ちの持続である。


次に、明るく、前向きに生きるという覚悟があること。

小さい舟で単身敵地に乗り込み、ガルシア将軍に会おうなんてすれば、その途中では困難なことばかり起きるに違いない。そんなとき、行く前から不安だらけになったり、いちいち落ち込んだり、暗くなったりしていると、目標に達することは到底できない。

もちろん少々落ち込むことはあっても、次の瞬間「やってやるぞ！」と自分の気持ちを前向きに仕向けるのである。

さらには、**他人への思いやりと感謝**があること。

これは一人よがりにならないということだ。物事は、実は一人でできるものは何もない。できる人は、もちろん一人でやり抜くぞという気概を持っているものであるが、そこには他人への思いやりと感謝がやはり必要なのだ。

その上で、自分の責任、役割を自覚していくべきである。

ローワンだって、キューバ島で協力してくれた人たちがいたからこそ、任務を果たせたのだ。他人のおかげであるということは忘れてはいけない。

逆に、できない人には、この気持ちはまったくない。

『ガルシアへの手紙』に出てくるエルバート・ハバードの友人のように、自分で会社を経営する能力もないくせに、雇い主は、いつも自分を虐げていると思い込み、その上、まわりの人に対して不満の扇動をするのだ。こういう人は、他人に感謝するということをまったくというほど知らないのだ。

以上のように、成功する人の条件は次の三つとなる。

❶気概と熱意がある
❷明るく、前向きに生きるという覚悟がある
❸他人への思いやりと感謝がある

また、「できる人」のさらなる条件は、次のようなものだ。

❶会社の方向、組織の目指しているところをよく知っている
❷自分の位置、役割をはずさない
❸自分に厳しく、自分をコントロールできる
❹反省できる
❺素直である

他方、仕事のできない人は、先の三原則が守れない人であり、そして次のようなタイプの人である。

❶いわれない限り自分の仕事をつくらない
❷言い訳ばかりする
❸相手によって態度を変える
❹他人の目ばかり気にしている
❺他人に「ありがとう」といえない
❻他人を好きになれない
❼新しいことに対して拒否反応を起こす
❽平気で人を利用する

こうしてみると、できる人というのは少ないのかもしれない。ことに「ガルシアに手紙を届けられる人」は本当に少ないだろう。

しかし、著者のエルバート・ハバードは、決して嘆いてばかりいるのではない。あきらめているわけでも、もちろんない。

一人でも多くの人に、ローワンのようにできる人になってもらいたいとの願いを込めて、この教訓を本にしたのだ。

そして、その本が多くの人々に読まれたことをもってしても、できる人を目指そうという人、ガルシアへの手紙を届けられるようになりたいという人はたくさんいるのだということがわかる。

そういう人が一人でも多く出てくることによって、この社会の行方が変わってくる。

この著者の願いは今も続いている。

私たちの社会のためにも、そして何よりも自分自身の人生をより充実させるためにも、できる人、成功する人を目指したいものである。

「ガルシアに手紙を届けられる人」になりたいものである。

何とかする人

エルバート・ハバードが『ガルシアへの手紙』の中で述べているように、大きな事業を成し遂げようと努力、挑戦している人にとっては、一般の従業員は、なんと無能でやる気のない、そして自覚のない無責任な連中なのだと思う傾向があるかもしれない。

その中で、「何とかする人」「ガルシアに手紙を届けられる人」を探し、育てる作業の連続を、耐えつつやり抜く人が経営者として優れた人なのであろう。

全身全霊で物事に取り組む人を求める旅を続けるのが、経営者やトップリーダーの役割なのであり、上司の使命なのである。

人には、生まれ持った才能があるに違いない。

それは認めよう。

しかし、ゲーテや小林秀雄《こばやしひでお》が残したという名言、**「天才とは努力する習慣を持つ人のことをいう」**も真実であることを信じたい。

すべての力を出し切って物事を進めたこともない人が、やる前から、「そんなのできない」とか、「無理に決まっている」とかいうのだろう。

人は、イメージできること、言葉にできることは、実現できるという。

そうであるならば、私たちは、心を込めていってみたい。


「私はできる」

「私はやってみせる」

「私は幸せだ」

「私は恵まれている」

「私は人の役に立つ」

「私は愛されている」

「私は愛している！」と。


アメリカ映画『ザ・ワイルド』の中で、主演のアンソニー・ホプキンスは、

「自分のすべての頭とすべての気力とすべての体力を駆使し続ければ必ず道は開ける」

といっている。

「人を愛する力、人を信じる力こそが、その全知全能の力を発揮する支えとなるんだ」

というのだ。

『ガルシアへの手紙』を読むと、この映画を思い出す。

ここにも、アメリカ人の目指すところの精神があると思う。

ヒーローを称《たた》える精神である。

ヒーローは全知全能を使って危機を乗り切る。それも、人を愛し信じる力を持って。そして成功者となる。

「何とかする人」、それが、求められる理想像なのだ。

私たちも勇気を出そうではないか。

気概を持ち、しっかりと本を読み、学び、仕事に取り組もうではないか。

一人でも多くの「何とかする人」の出現が、この世の人々の幸福実現に大きく貢献するのだ。

「何とかする人」「ガルシアに手紙を届けられる人」になんとしてもなりたい

と願い、自分を励ましていきたいと思う。

成功する人

成功した人とは、自分の納得のいく人生を送ることができている人であり、かつ、他人からも、立派な生き方をしているといわれる人ではないだろうか。

「成功者」を辞書の言葉どおりにとらえると、「肩書がある人」や「社会的地位が高い人」、そして「お金持ち」ということになる。

もちろん、これがまったくの間違いとはいえない。

しかし、何か物足りない。

肩書や社会的地位があるような人の中にも、つまらない人間は多くいる。どこかの団体で何もしないのに甘い汁を吸っているような人を、成功者とは呼びたくない。

「成功」とは、次のように定義できると思う。

それは、

❶自分のやりたいことを見つけ、または見つけようとし、
❷よい人間関係を築ける

ことである。

人それぞれ目指すものは違って当然であって、そのそれぞれが目指すものを手に入れることこそが〝人生の成功〟といっていいのではないか。

そして、それとともに、人は人の集まりの中でしか生きていけないのだから、よい人間関係をつくることほどの喜びもないだろうということで、これも成功という言葉の定義の中に入れてみたのだ。

この表現を、もっとわかりやすくしてみたのが、冒頭の「自分の納得のいく人生を送ることができている人であり、かつ、他人からも、立派な生き方をしているといわれる人」になるというものだ。これが私のイメージする「成功」である。

もちろん言葉の意味をここで細かく論じるのが目的ではない。ただ、せっか

く生きていく以上、素直に「成功する人になりたい」と思うし、成功者を目指したい。

『ガルシアへの手紙』の内容を見てもわかるように、エルバート・ハバードも、成功者を素直に称賛している。

そして、その成功者の例として、ローワンのような人を挙げているのだ。

自分が依頼されたことを、文句をいうこともなく、人が見ているかどうかではなく、自分でやると決めた以上、やり通す人である。

そして、他の人のため、世の中のためになることをやり遂げて、みんなに大したものだといわれる人になるのだ。

このような人は、世界中どこからでも求められ、願いは叶《かな》えられ、豊かな生活も送れるだろう。

ただ単に、「お金持ちになるぞ」とか、「肩書のある地位につくぞ」というのではなく、まず、ちゃんと自分のやるべきことをやり通す人、そして結果として、他人のため、社会のために役立つことをやり遂げる人は、結局、自分が望むような存在になれる。

だから私は、成功ということを、単にある一時点の結果で見るのではなく、その生き方の過程を見つつ判断したいと思う。エルバート・ハバードの発想法に親近感を覚えるのだ。

「成功、成功」ということを嫌う人もいる。

もちろん私も、いつもそんなことばかりいうのは好きではないし、必要もないことだと思う。

それでも、やはり心の奥のところでは、成功する人になりたいと願うのだ。自分のやりたいことを見つけ、自分の納得のいく生き方をし、まわりの人、世の中の人のために役立つことをして、よい人間関係をつくりあげたいと願うのだ。

成功を嫌うのはよくないと思う。

エルバート・ハバードもいうように、ボロを着ることをほめてはいけない。

それは、「不満を扇動」する人に近い人であり、社会を不健全にする。他人を不幸に導く恐れがある。

また、他人の成功をうらやむこともしたくない。

結局、人生は自分のものでしかないのだ。

人生は、自分の生き方を自分なりに立派に遂行していくためにある。

そうすることに懸命になれば、他人の目はある意味どうでもよくなる。それよりも自分の目で自分を厳しく見つめざるを得ない。

そのことによって、結果として他人から評価されることになるし、その人にふさわしい素敵な人生を送ることができるようになるのである。

成長する人

人間というのは、実に不思議な生き物だ。

成長が止まったままで「つまらない」といつも口にして生きていく人と、日々、だんだんと大きく成長していく人に分かれてしまう。

人間とは、学ぶ生き物である。

人間とは、考える生き物である。
人間とは、他人のことを思い、愛することのできる生き物である。
人間とは、夢を見、希望を持つことのできる生き物である。
人間とは、死ぬまで成長し続けることのできる生き物である。

このように人間というのは、物の見方、心の置き方ひとつで天と地ほどの差が生まれる生き物なのだ。

人は生まれたままでは何もできない。

狼や犬に育てられた子どもは、人間としての成長がほとんど見られないという。命も短く、脳の発達もほとんどないそうだ。

この事実は、きちんとした教育と訓練がいかに必要であるか、そして、学び続けることがいかに大切なことなのかを教えてくれる。その意欲がいかに大切なのかを教えてくれる。この意味で人間は結果として平等ではない。

だが、機会はもちろん平等である。まして、その存在自体に価値の差はない。ただ、成長していく人か、成長しない人かで結果に大きな差が出てくる。これはどうしようもないことである。ほとんど本人自身の責任だからだ。

私は、「本を読む人は、人間的に成長する」と思っている。

本を読む人は、自分を成長させようという問題意識をどこかに持っているからだ。

自分の生きていく意味を問い、自分の存在価値を見つめ、そして少しずつでもいいから高めていこうと思う人だからだ。

もちろん、本を読むだけで人が成長するとはいわない。

ただし、だ。本さえ読もうともしない人に、夢の実現とか、自分の成長がどうのこうのとはいえないだろうと思うのだ。

つまり、本を読むことが一つの出発地点となるだろうとはいえる。前提は自分を成長させようという意欲だ。心だ。そして、まわりの人たちからも学び取り、自分の実体験を反省しつついろいろと吸収し、進んでいくのである。

世界の歴史、そして現実の世界を見てみるがいい。

世界の中心に君臨してきた国、輝きがあった国。ギリシャ、ローマ、イギリス、アメリカ、それに中国、そして日本。そのすべては、本を読み、そしてそれを実践する人たちの多かった国ではないか。

日本の奇跡的発展にも、サミュエル・スマイルズや福沢諭吉《ふくざわゆきち》の著作が、それこそ国中の人たちに読まれたことが大きく貢献したのだ。

アメリカもそうだ。『ガルシアへの手紙』は何部刷られたのか見当もつかないのだ。著者自身が一九一三年の時点で四千万部と書いているが、その後も今に至るまで読まれ続けている。

私は、人を人たらしめるのは、成長しようという意欲とその実践にあると考えている。

まずは意欲だ。「ガルシアに手紙を届けるぞ」という意欲である。

次にその実行・実践。すぐやる。動く。なんとしてもやり抜こうと思う。つらいことがあっても、落ち込むことがあっても必ず最後には、前に向かって進んでいく。

死ぬまで成長し続ける人になりたいものである。

私は必ずガルシアに手紙を届けてみせよう!

エルバート・ハバードは、文明とは「ガルシアに手紙を届ける人」を探し求める道程のことだ、といい切った。

文明とは、人が人たるに値する生活を求め、進歩、向上していくことによって生まれるのであろう。人間の歴史は、その発展の過程であるともいえる。

では、その進歩、向上はどうして可能となるのか。

それを、エルバート・ハバードは正面から問うたのだ。

それこそ「ガルシアに手紙を届けられる人」の存在が、それを可能にすると主張している。

もちろん、そのときそのときに生きる人たちの生きていく価値、それ自体に差異があるわけではない。

文明の発展といっても、過去において、私たち以上に偉大で高潔な精神性を持った人たちがいたことを否定するものでもない。

ただ、人々の生活、暮らしの向上というのは、やはり、名もなき、勤勉で、勇敢で、真摯《しんし》で、前向きな人たちの仕事の集積によってもたらされてきたのだ。つまり「ガルシアに手紙を届ける人」たちの存在である。

この、数え切れない歴史上の名もなき〝ヒーロー〟たちの、社会への、まわりの人たちへの貢献が、文明を進ませてきたのだ。志ある人たちの隠れた努力で、この社会、この文明は、一歩ずつ前進してきているのだ。

志とは、自分を成長させ、世の中をよくしていくために役立とうという強い思いのこと。自分の仕事、生き方をもって、社会の発展、進歩に、人々の生活の向上に寄与せしめたいという強い意志だ。

志ある人の数の多さが、そのとき、その場所の活力の差、元気の差となってあらわれてくるのである。

一方で、エルバート・ハバードは、こうした志ある人、すなわち「ガルシアに手紙を届けようと思う人」でない人たちが、この社会に多く存在していることをとを素直に認めている。

いつも他人に頼っているだけの人、いつも他人のせいにする人、いつも世を拗《す》ねて不満ばかりいう人がいる。

それが、普通の人間だともいっている。

しかし、それは、その人自身の気持ちの持ち方ひとつで変えられることも強く示唆《しさ》している。

自分が変われば、相手も変わる。世の中も変わることを強調している。

不平不満の塊で、他人の力や慈悲だけで生きていこうとする人の望みは、神も、社会も、他人も、実現させてやろうとは思わない。

これに対し、自ら奮い立ち、与えられた仕事、望まれている役割に対して誠実に取り組み、ベストを尽くすことでそれに応えようとする人に神は微笑む。

人も魅《ひ》きつけられる。

そして望みも叶うようになる。

それが、この世の仕組みであるとエルバート・ハバードは見抜いている。

私もまったくそう思う。

仕事や人生を通して、文化、文明に奉仕していこうという心意気は、それこそ、真に他人を思うこと、人を愛することの最高の形だと思うのだ。人が人たるゆえんは、人を思いやれること、人を愛せるところにある。その思いの力の強い人こそ、人としての力があるといえるのではなかろうか。

自分のことはもちろん一番大事である。しかし、一番大事な自分をこの世で引き立てて、素敵で生きがいある人生を歩むためには、他人を思いやれる力、愛することができる力が不可欠なのである。

すなわち、「世のため、人のため」ということである。

そう思える人が、自分を大きく成長させ、「自分のため」の生き方ができる人なのだ。

人に頼るのではなく、「人のために、何とかするぞ！」という生き方をしようと思う人を、社会も、他人も放っておかないのである。

まず、自分の力を強く信じよう。

そして、人を愛そう。

まわりの人を大切に思おう。


家族や友人や同僚や仲間や恋人をしっかりと愛していきたい。大切にしていきたい。

そしてそれと同時に、今、生きているこの社会とそこに生きる人たちのために、自分を役立たせようと思いたい。

そのために勉強したい。

本を読みたい。歴史も学びたい。

もっと仕事ができるようになりたい。

一度や二度、いや何度でも失敗するがよい。落ち込むがよい。

それは、私たちをより強くし、真に大きな人間となって、まわりの人たちにとってなくてはならない存在になるための、チャンスをいただいているということなのだ。

失敗や落ち込みは、そこから起き上がろうとするがためにあるのだ。もっともっと成長するためにあるのだ。

ガルシアへの手紙を何度でも届けてみせよう。どんなつらいことがあっても、どんな困難が立ちはだかろうとも。

それが、「生きていてよかった」と思うことができる人生へと向かう道なのだから。

第二部

『ガルシアへの手紙』の主人公、ローワンによる完全実話の手記に学ぶ

第三章

ローワンの手記
『ガルシアへの手紙を、いかに届けたか』

アンドリュー・S・ローワン

ローワンによる、すべて実話の手記

『ガルシアへの手紙』の著者、エルバート・ハバードは、よくローワンを理解した上で、その偉大さを、その素晴らしさを結論として簡潔に示してくれた。しかしその中には、ローワンの人となりや、ガルシアへ手紙を届けるまでの具体的な経過等はほとんど書かれていない。

ここでご紹介する、ローワンが自ら書いた手記『ガルシアへの手紙を、いかに届けたか』は、すべて実話であり、ローワンが実際にどう行動したかということについて記されている。私はこの物語を読み、深い感動を覚えた。『ガルシアへの手紙』でエルバート・ハバードに称賛されていたローワンの人となりは、実際に、英雄・成功者の条件を兼ね備えたものであったからである。

まずは、最初の実話ストーリー部分を楽しんでいただき、その後の解説部分で、私なりに分析した、ローワンに見る我々が参考にすべき「人間として大切なこと」について、共に学んでいきたいと思う。

主な登場人物

アンドリュー・S・ローワン……アメリカ情報局中尉
マッキンレー大統領……アメリカ第二十五代大統領
アーサー・ワーグナー大佐……アメリカ陸軍情報局トップ
ガルシア将軍……キューバ反乱軍リーダー
ヘルバシオ・サビオ……ガルシア将軍のもとへローワンを案内するガイド

プロローグ

「どこにいるんだ!?」

マッキンレー大統領は、陸軍情報局のトップ、アーサー・ワーグナー大佐に尋ねた。

「ガルシアに手紙を届けることのできる男はどこにいるんだ」

ワーグナー大佐の答えは早かった。

「ここワシントンにいます。ローワンという若い情報局の中尉です。彼ならば必ずガルシアに手紙を届けるに違いありません」

「そうか、それならそのローワンにガルシアへの手紙を届けさせるんだ！」

マッキンレー大統領は、直ちに命令した。

アメリカ合衆国は、スペインとの戦争に突入しようとしていた。

そのため、大統領にはスペインに関する情報が必要であった。

このスペインとの戦いに勝利するには、キューバの反乱軍と協力しなければならないことがよくわかっていた。

そのためには、まず、キューバ島にいるスペイン軍の兵士の数や質を把握しなければならない。

現在、彼らがどういう状態にあるのか？　士気やモラルはどうなのか？

また、将校たち、特に上級将校の性格を知ることが重要であった。

そして、季節ごとの道路の状態や、スペイン軍ならびにキューバ側反乱軍の衛生状態、さらには、キューバ島における一般的な衛生状態、そして、スペイン軍とキューバ反乱軍の武器の程度を知りたかった。

加えて、キューバの反乱軍が、アメリカ大部隊の援軍が到着するまでに、対スペイン軍に際して必要とするものは何かや、キューバ島の地勢その他の重要事項の情報がどうしても必要と考えていた――。

ローワンの手記　その一

突然の指令

大統領命令の約一時間後にあたる正午、ワーグナー大佐は、私に、将校クラブで、昼食をとろうといってきた。

昼食をとりつつ、大佐は私にいった。

「ローワン、君は、ガルシア将軍に手紙を届ける役目を大統領から与えられた。ガルシアはキューバの東部のどこかにいるはずだ。

君の任務は、まずは軍事情報を持って行き、そして彼を安全にしてやることだ。

さらに、合衆国がキューバ反乱軍に協力するための、その具体的なスケジュールを決めることだ。

君の任務は失敗できない。決して失敗は許されないのだ！

合衆国はスペインへの宣戦布告を準備する。

君から送られてくる電報にもとづいて、細かな作戦を立てることにする。

そのほかについては、何もいうことはない。君は自分で計画し、自分で行動しなくてはいけない。

この任務は君のものであり、君一人で、すべてをやらなければならない。

ローワン、君は、ガルシアに手紙を届けなくてはいけない。

では、行け。幸運を祈る！」

この物語は、このような、とても大まかな指示から始まった。

私は急いで、準備に取りかかった。そして私が置かれた状況について考えた。

この任務は難しいものである。

私が失敗すると、宣戦布告もどうなるかわからない。

そしてこの任務の危険性は、決して低くはなかった。

人の評価は、指示されたことに対してどう応えることができたのかで決まるといえる。

また、軍人のあり方とは、国が決めたことに従うものである。

任務は明確だ。その任務をきちんと果たすことで、軍人としての評価は決まる。

しかし、今回の私の場合は、紙に書かれた指示・命令はなく、「ガルシアへの手紙を持って行き、そしてガルシアからの情報を得てくる」ということを、すべて自分一人の判断で実現することであった。

ジャマイカにて

私は列車でニューヨークに行き、すぐに港へ向かった。

まずは船でジャマイカに行き、そこからキューバへと向かう計画だった。

ジャマイカに着くと、私はすぐに、協力してくれるキューバ機関に向かった。

そこには反乱軍の人たちがいて、詳しい打ち合わせもなく馬車に乗せられた。

彼らは、私をキューバ行きの船まで案内してくれるとのことであった。

それから、今まで誰も経験したことがないであろう、奇妙な馬車の旅が始まったのだ。

成長した熱帯の木々が密生している林の間を抜け、広くて平たんなスペイン人街の通りを、それこそ飛ぶように走り、やっとジャングルの端までたどりついた。

陽が沈んだ後も、首をへし折るような猛スピードで、暗闇の中を突っ走った。

私は、自分の使命の重さと重要性をよく理解していたが、この熱帯の森林が持つ、その魅力、素晴らしさは、しばしそれを忘れさせるほどであった。

夜の美しさをまとった熱帯雨林は、昼にも劣らなかった。

太陽が昇っている間は、一年中、花が咲いている植物たちの世界であり、夜は、刺激的な魅力を放つ虫たちの飛翔《ひしょう》の世界なのである。

ほんの短いたそがれが、まったくの暗闇に変わると、ホタルたちは、青白い微光を発し始め、この世のものとは思えぬ美しさで森の木々を照らすのだ。

この荘厳《そうごん》な魅力を放つホタルたちは、森を横断し終わるまで、その美しい光で私たちを明るく照らしてくれた。

ここが本当の妖精の国ではないか、と思えたほどであった。

私たちは、馬たちが出せる最大限のスピードで走っていった。

しばらくすると、中からかすかな光がもれている一軒の家の前に馬車が止められた。

そこには夕食が用意されていた。

隣の部屋から、背が高く屈強な、毅然《きぜん》とした男が入ってきた。

彼は荒々しい口ひげをたくわえ、一方の手の親指が欠けていた。

この男は、いざというときに頼りになり、そして、どんなときでも信用できそうに見えた。正直で高潔な心を映し出す誠実な目をしていたのだ。

彼は、キューバのサンティアゴでスペインの専政と戦い、そのとき親指をなくしたという。

名はヘルバシオ・サビオといい、私が手紙を届けられるようにガルシア将軍のところまで案内する役目を担っていたのだ。

一時間の休息のあと、すぐ出発した。

小屋から三十分ほど行ったところで、呼び子の合図で止まった。

私たちは馬車を降りて、さとうきび畑を一マイルほど黙って歩いた。そして、海とのわずかな境をつくっている、やしの実の林にたどりついた。

海岸から五十ヤードの沖に、小さな釣り舟が静かに揺れて、海面に浮かんでいた。

ヘルバシオは、小舟にライトを当てた。

おそらく、私たちの到着を、音を立てずに知らせるために違いなかった。

ヘルバシオは、乗組員たちの機敏な動きに、明らかに満足そうに肯《うなず》いた。

キューバ機関のエージェントたちに対する感謝の言葉を簡単に済ませ、私は、船からやってきた一人のエージェントに背負われ、船まで運んでもらった。

私は、こうしてガルシアへの手紙を届ける旅の第一章をやり遂げた。

ローワンの手記　その二

船でガルシアのいるキューバへ

船は、船長を務めるヘルバシオと二人の乗組員、私と私の当番兵、さらには積み荷で立錐《りっすい》の余地もなかった。

私はヘルバシオに、できるだけ早く海岸線から三海里の海域を越えたいといった。イギリスに迷惑をかけたくなかったからだ（訳注：ジャマイカはイギリス領であり、当時の領海は三海里とされていた）。

ヘルバシオは、この小さな湾の風では船が速く動くのに十分ではないので、岬の先まで漕《こ》いで行かなくてはならないと答えた。

こうして私たちは、急いで岬の外に出た。

そして船の帆は、風をうまくとらえることができた。

命を賭《か》けた目標に向かっての旅の第二章がこうして始まった。

百マイル北には、キューバの海岸が横たわっている。

そこを、高速のスペイン哨戒艇《しょうかいてい》がパトロールしていた。

その船には、小口径の回転式銃や機関銃が備えつけられ、兵士たちは、モーゼル社製の性能の優れたライフル銃を所持していた。

一方、私たちの武器といえば、そこらでかき集めたような代物《しろもの》しか持っていなかった。

スペイン哨戒艇の一つにでも遭遇すれば、もはや終わりであった。

私は、見つかるわけにはいかないのである。

私は、絶対にガルシアに会い、ガルシアへの手紙を届けるのだ！

私たちの行動計画は、陽が沈むまではキューバ島から三マイルの水域外に止まり、その後、素早く船を進め、隠れるのに都合がよさそうなサンゴ礁《しょう》の陰に潜み、朝が来るのを待つというものであった。

もしそこで見つけられると、何の許可証も所持していない私たちは、十中八九、尋問《じんもん》されることもなく、海中に沈められるに違いなかった。

最大の危機

私たちの小舟は、スピードをあげて進んでいった。

まだスペイン船には見つかっていない。


早朝。空気は涼しくて心地よかった。

私は、これまでの旅の疲れをとるため、少し眠ろうとした。

そのときヘルバシオが、全員が飛び起きるほどの声で叫んだ。
二、三マイル先から、あの恐ろしいスペイン哨戒艇が一隻、私たちの船に向かってまっすぐ進んでくるではないか。
スペイン語の鋭い命令で、乗組員は帆を降ろした。

舵《かじ》のところにいるヘルバシオを除いて、全員が船べりの下に隠れた。

船をジャマイカの海岸と平行にさせながら、ヘルバシオは舵のまわりをぶらついていた。

「ヘルバシオは、自分を、ジャマイカからやってきた、たった一人の孤独な漁師として演じるつもりですよ」

と冷静な性格の操舵手《そうだしゅ》はいった。

スペイン哨戒艇が、私たちの小舟に声が届くところまで近づくと、乗組員の元気な若い兵士がスペイン語で話しかけてきた。

「何か漁《と》れたか？」

ヘルバシオもスペイン語で応じた。

「いやあ、まったくひでえもんで、今朝は、一匹たりとも魚がかかってくれねえ！」

もし、その若きスペイン兵士が、哨戒艇を私たちの小舟に横づけにするだけの賢さや慎重さがあったならば、必ず、何か〝獲物〟（我々のこと）を得られたに違いない。そして、この私の話は書かれることもなかったであろう。

スペイン哨戒艇が離れていったところで、ヘルバシオは船の帆を上げるように命じた。

そして私のほうを向いていった。

「セニョール、疲れて眠りたかったらどうぞ寝ていいですよ。とりあえずの危険は去ったと思いますから」と。

それからの六時間、何が起きたとしても私は目を覚ますことはなかっただろう。

実際、熱帯の太陽の焼けるような熱さを除いて、何者も、私を小さく揺れて気持ちのいい小船のマットレスから引っぱりだすことはできないだろうと思った。

太陽は一日中、ギラギラと輝いていた。

ジャマイカは、エメラルドをちりばめた大きな宝石のように美しく光り輝いている。

まるでトルコ石のような青緑色の空に雲はなく、南側の緑の丘陵は大きな四角形の土地で囲まれている。

深い色あいの森と淡い新緑のさとうきび畑が、交互に並んで、美しい景観を見せていた。

それはまるで華麗で荘厳な絵のような世界であった。
しかし、北側を見るとまったく陰気であった。
厚い雲のかたまりがすっぽりとキューバ島を包み隠していた。
私たちは、雲がいつ晴れるかと十分注意して見守っていた。
しかし、風は変わらず、雲の厚さは時間がたつにつれて増していった。
私たちは、ここまで本当に順調だった。
ヘルバシオは相変わらず、気持ちよさそうに船の舵をとっている。
そして、他の乗組員たちと、まるで火山の噴火のように、冗談を飛ばし合っていた。

敵の戦闘地域に入る

午後も四時頃になって、やっと雲がとれた。

島の山脈の主峰《しゅほう》、シエラ・マエストラが金色に輝き、美しさの中にも威厳をもってそびえていた。

それは、まるで芸術の帝王が描いたとしか思えない完全無比の素晴らしい絵のようであった。

ここには美しい色があり、広がりがあり、山があり、陸があり、そして海があり、それらが見事な全体的調和でもって融合しているのだ。

このような場所は、世界中、どこにもないだろう。

海から八千フィートの高さの山脈がそびえ立ち、その山頂は新緑でおおわれ、そして巨大な胸壁《きょうへき》が何百マイルも広がっている。

こんなところが、この地上のどこにあるだろうか。

しかし、私の感激はそう長く続かなかった。

ヘルバシオが船を動かし始め、この魔法をといたからだ。

そして、いった。

「我々は、思っていたより近づいていたようです。

ここが公海であろうとなかろうと、哨戒艇の戦闘地域に入っています。うまく動かなければなりません。公海をうまく使いましょう。近づきすぎて、敵に発見されるというのは、必要のない危険を冒すようなものですから」

急いで私たちは、武器の点検をした。

私は、スミス・アンド・ウェッソンのリボルバーしか持っていなかった。そのため、ヘルバシオは見かけだけはいかにも恐ろしいライフル銃をあてがってくれた。

一度だけ試し撃ちをしてみたが、たいした性能ではないようだ。

私の使命の最大のヤマ場が迫ろうとしていた。

これまでは、これからの困難に比べると簡単だったともいえるし、比較的安全であったともいえる。

しかし、危機はそこまで迫っているのだ。

捕まることは私の死を意味し、またガルシアへの手紙を届けることに失敗することになるのだ。

私たちは、まだ陸地が見えたわけではないが、海岸からだいたい二十五マイルほど離れているところにいるようだ。

まだ真夜中ではないが、帆をたたみ、乗組員は、水深を測りつつオールを漕いで浅瀬を進んだ。

そして最後に都合のいい大きな波が私たちを押し上げてくれたのち、静かな湾内でうまく私たちが隠れるように船を進めてくれた。

私たちは暗闇の中、海岸から五十ヤードのところでいかりを下ろした。

私はすぐに上陸をしようといった。

しかし、ヘルバシオは反対した。

「海岸と海上に敵がいるんです、セニョール。

今はここにいたほうがいいでしょう。

たぶん今になって我々を見つけ出そうとしている哨戒艇が、我々がうまく通り抜けてきた、海中に隠れているサンゴ礁に乗り上げてしまうに違いありません。

それから上陸したほうがいいでしょう。敵がサンゴ礁に手こずっているうちに、我々の新しいゲームを始めることにしましょう」

いよいよキューバに上陸する

海と空が出会うほどの低いところにまでかかっていた熱帯のもやが、ゆっくりと昇り始めた。

たくさんのぶどうの木、マングローブの茂み、海面にほとんど届こうかというトゲのある木々が見え始めた。

まわりの自然に、私たちはかなりてこずるようになってきた。

いったい何があるのかも、はっきり見えなかった。

しかし、太陽が、全キューバ島の最も高い山、エル・トゥルキノの上に光り輝くと、その瞬間からすべてのものが変化した。

霧は晴れ、山陸に向かって低く横たわっている藪《やぶ》の暗闇も追い払われ、海岸に波を打ちつける鉛色の海の色がまるで魔法にかかったかのように美しいグリーンに変わっていった。

暗黒に対する光の勝利の瞬間であった。

積み荷が陸に揚げられ、私も上陸した。

船は小さな河口まで引きずっていき、ひっくり返した上で、ジャングルの中に隠した。

このときまでに、ぼろを着たカリブの人たちが私たちの上陸した場所に多数集まってきた。

彼らはどこから来たのか、どうして私たちを仲間だと知っているのか、私にはまったくわからなかった。

いくつかの合図を交わしてから、彼らは荷物の運搬を始めた。

私がガルシアへの手紙を届ける旅の第二章は、こうして無事終えることができた。

これまでも、それなりに危険はあった。

しかし、これからは、さらにその危険は大きなものとなる。

スペイン軍は無慈悲にキューバ人を逮捕する。

ガルシアへ手紙を届ける残りの旅は、さらに多くの危険に満ちていることはわかっていた。

しかし、今、それをあれこれ考えている暇はなかった。

私はまだ旅の途中なのだ！

ローワンの手記　その三

キューバでの行軍の開始

この国の地形はかなりわかりやすい。

海岸から内側に一マイルかそこら延びた平たんで細長い土地が、ジャングルに覆われて北へ向かっている。

男たちの普段の手間仕事は、ジャングルの中に道を切り出すことである。

この道路網を縫って進めるのは、この迷宮の中で育ったキューバ人だけである。


暑さがだんだん過酷なものとなった。

私は、我が仲間たちをちょっとうらやんだ。

なぜなら、彼らは一人として私のようにまともに服を身につけていなかったからだ。

私たちは行軍を開始した。

密集した木々の葉やよじれたり曲がったりした道、そしてあたりすべてに充満する強烈なもや、それらが私たちを海や山から見えないように隠してくれていた。

ジャングルの中は、太陽の炎熱で、まるで地獄のように変わっていった。ただ、植物の緑のおかげで、私たちにはその光景があまりよく見えなかった。海岸にいるときに予想したとおり、山のふもとに近づくと、ジャングルは密集した小さな木々の緑から大きな木々の緑に変わっていった。

まもなく、私たちはやしの木が植えられているオアシスのような場所に到着した。

やしの実からとった水分（ジュース）は、フレッシュで、冷たくて、おいしくて、カラカラになっていた私たちののどには、まるで不老長寿の霊薬のように感じられた。

しかし、私たちはこの快適な場所に長く止《とど》まることはできなかった。

さらに、これから何マイルもの行軍をして険しい山の坂を登り、夜になるまでに、別の秘密のクリアリング（訳注：休憩場所）にまで行かなくてはならないのだ。

私たちは、まさに〝熱帯の森〟と呼ぶべき場所に入っていった。

ここは、いくらか歩きやすかった。

空気の流れはほとんど感じられなかったが、それでも、息をすることはそう大変でなく、とても元気になれた。

この森を抜けると、〝ロイヤル・ロード〟という幹線道路が走っている。

私たちが、この幹線道路に近づいていくと、同行の仲間たちが一人、また一人とジャングルの中に消えていった。

まもなく、私とヘルバシオだけになった。

理由を尋ねようとヘルバシオのほうを向くと、彼は指を唇のところにあて、音を立てないようにライフルとリボルバーの準備をするよう合図した。

それから、彼もまた熱帯の森の中へ消えていった。

それを見て、私も森の中へ入った。

私には、彼らの奇妙な行動が何であるかを確かめる余裕はなかった。

馬飾りがチリンチリンと鳴る音と、スペイン軍騎兵たちの下げている短いサーベルがガチャガチャと鳴る音、そして時おり、兵の発する命令の声が、私の耳に聞こえてきたからだ。

わが仲間たちの油断のない警戒がなかったら、私たちは、幹線道路の上を歩いて、敵の軍隊と遭遇していたであろう！

私は、ライフルとスミス・アンド・ウェッソンの打ち金を起こし、すぐに撃てるように身がまえた。

そして、次に何が起こるかを緊張しながら待った。

近くで銃声が鳴るのを待った。

しかし、それは結局なかった。

一人また一人と仲間たちが戻ってきた。

そして、ヘルバシオが最後に戻ってきた。

「我々は見つかったようなので、彼らを欺くために、ばらばらに散ったんです。

我々はかなりの範囲に広がってから銃を撃ったので、敵は、大きな部隊が待ち伏せてから、攻撃を仕掛けてきたものと信じたようです。うまくいきました」

しかしヘルバシオは、その言葉を後悔したような顔をしてつけ加えた。

「任務はまだ始まったばかりです」

そして笑顔になっていった。

「喜ぶのはあとにしましょう！」

スペイン軍脱走兵

キューバ反乱軍が通る道のそばには、たいてい火がおこされ、イモがその灰の中に埋められている。

彼らは、空腹の部隊が通るときのために、イモを焼いておくのだ。

私たちは、午後の間に、その場所の一つにたどりついた。

焼きイモが部隊のそれぞれに配られたのち、火は消される。

そして行動がまた始まるのだ。

その日の行軍の目的地点まで来たとき、そこに見慣れぬ服を着たたくさんの男たちがいるのを見つけた。

「彼らは、いったいどういう人たちなのだろう?」

とヘルバシオに尋ねた。

「セニョール、彼らは、スペイン軍の脱走兵たちですよ」

と彼は答えた。

「彼らがいうには、スペイン軍は食料もろくに与えてくれない上に、将校たちのあまりにも残酷な扱い方に耐え切れずに逃げてきたということです」

確かに脱走兵は、時に役立つこともある。

しかし、ここはジャングルの中であり、私はむしろ彼らとは行動をともにしないほうがよいと判断した。

ただ、彼らのうち一人、あるいはもっと大勢が、いつなんどきキャンプから去らないという確証はない。

そして、スペイン軍将校たちに、一人のアメリカ人がキューバを横断してガルシア将軍に会うために進んでいると警告しないとも限らない。スペイン軍は、なんとしても私の任務を阻止しようと、懸命になっているはずだ。

これは心配しすぎかもしれない。

しかし我が任務を考えると、このような心配は当たり前であった。

私は、夜のうちにこのキャンプを出発することを決めた。

襲撃を受ける

真夜中をすぎたあるとき、私は歩哨《ほしょう》の誰何《すいか》で目を覚ました。

銃声が鳴った。

ほとんど同時に、私の寝ているハンモックのすぐ横から黒い人影が二つ躍り出てきた。彼らは私を狙ったスペイン軍の刺客たちだった。

私は反射的に飛び起きて、体をかわした。

刺客のうちの一人は、我々の味方に撃たれ絶命した。

もう一人は、鋭い鉈《なた》の刃で切られ重傷を負っていた。その傷は右肩を切り裂き、肺まで達するものであった。

そのあわれな男は、

「自分の仲間が、あなた（ローワン）の暗殺に失敗したら、私があなたを殺し、あなたの任務の実現をなんとしても打ちくだくという手はずになっていた」

ということを、死ぬまでに白状した。


キャンプを出てからしばらくは、狭い山の背すじを進んだ。

こういう道に慣れていない一般の人には、この行軍は無謀だと思われるだろうが、我が案内役たちは、この曲がりくねった道を、まるで広々とした幹線道路を行くように慣れた進み方をしていた。

分水嶺《ぶんすいれい》をすぎて、東側への坂道を下り始めるとすぐに、いろんな顔をした子どもたちの集団と、白い髪が肩まで伸びた老人のあいさつを受けた。

隊列が止まった。

老人とヘルバシオが二言、三言、言葉を交わした。すると、森中で「ビバ！ビバ！」（万歳）の声が鳴り響いた。

アメリカ人使節、つまり私に対しての歓声である。

私は、胸が熱くなった。そして心からの感動を覚えた。

彼らがどうして私がアメリカから来ていることを知っているのか、まったくわからなかった。

おそらく、私についてのニュースはジャングルを駆けめぐっており、その到着は老人や子どもたちを、幸福な気持ちでいっぱいにさせたのだ。

川が流れ始める山のすそ野の小さな丘にある、ヤラという場所についた。

私たちは、その夜、そこでキャンプをした。

最も危険な場所に潜入したのである。

マンサニージョからやってくるスペイン軍が、隊をなして通るであろうところの防御のための陣地や塹壕《ざんごう》が、いくつもつくられていた。

私は防御陣地の背後に隠れて、ハンモックで寝るようにいわれた。防御陣地といっても、胸までの高さの石の壁があるというだけであったが。私は、知らないところから集められてきた歩哨が配置され、寝ずに見張っていてくれているのに気がついた。

ヘルバシオは、何が何でも私の任務を失敗させてなるものかという気なのだ。

次の朝、私たちは、マエストラ山脈から北側に突き出ている尾根を登り始めた。

それは川の東側に位置していた。

私たちのとるコースは、侵食された山の尾根を渡っていくものであった。

低いところは、危険が多すぎたからだ。

待ち伏せされて銃弾の餌食《えじき》になるか、スペインの機動部隊に包囲殲滅《せんめつ》されるかもしれないからだった。

ここからは、川に垂直に立った土手を登ったり下ったりが続いた。

この深い峡谷《きょうこく》の登り下りをさせられた馬たちは、とてもかわいそうだったが、彼らを助けてあげる手だてはなかった。

私は、なんとしてもガルシアに手紙を届けなくてはならないのだ。何十万もの人の自由がかかっているこの任務において、何頭かの馬の犠牲もいたしかたないと考えるしかなかった。

馬たちには申し訳なかったが、感傷的になる時間が私にはなかった。

これまでの人生の中で最もつらい乗馬を終えることができた日、私は、心から安堵《あんど》した。

私たちはジバロというところにある森の端に近い、とうもろこし畑の真ん中の小屋の前で止まった。

小屋の垂木《たるき》には新鮮な牛肉のかたまりがぶら下げられ、〝アメリカ人使節〟のために忙しく働いている料理人たちの姿が外からも見えた。

私の到着は前もって伝えられており、その歓迎の祝宴では、新鮮な牛肉とカッサバ（タピオカの原料）でつくられたパンが供された。

ご馳走《ちそう》を食べ終わるとすぐに、たくさんの人の声、馬のひづめの音などと共に、興奮の渦が森の向こう側から近づいてきた。

キューバ反乱軍のリオス将軍の片腕・カスティージョ大佐が到着したのだ。

カスティージョ大佐は、翌朝到着予定のリオス将軍の名代で私を歓迎してくれた。よく訓練された将校たちによる最高の礼をもって歓迎しようというのだ。

カスティージョ大佐の登場は、私が、鍛え抜かれた優秀な案内役・ヘルバシオの協力の下、任務の最終段階に近づいたことを確信させてくれた。

リオス将軍は、次の朝、カスティージョ大佐を伴ってやってきた。

彼は色が黒く、明らかに先住民とスペイン人の血が混じっていた。

私の残りの行軍のために、二百人の精鋭の騎兵をつけてくれた。

隊は一列になって進んだ。

その姿は、誰が見ても、もう誰の手にも負えないくらい強い存在と映っただろう。

ガルシアがいるバヤモへ到着

四月三十日の夜、私たちはバヤモ市から二十マイルのところにあるバヤモ川の支流、リオ・ブエイに着いた。

そのときのヘルバシオの顔は、喜びにあふれ、輝かんばかりだった。

そしていった。

「セニョール、ガルシア将軍はバヤモにいます!」

五月一日の朝早く、私たちは出発した。

段差のある台地から台地へと、バモヤ平原につながる坂をどんどん下りていった。

この大きく広がる島の国は、人類がこれまで経験したことのないくらいスペインによる圧政に苦しんできた。

平原に入っていったときに見えた大農園の中にある焼かれた建物の姿は、私たちにスペイン人の支配のやり方を無言で教えてくれた。

私たちはこれまで百マイル以上、馬で、自然のままのところを通ってきた。そこは、一度も人が住んだことのない、自然の素晴らしさがそのまま残されているところだった。

私たちはその熱帯の楽園を横切り、雑草におおわれた平原に入ってきたのだ。草の背がとても高かったので、わが隊列は視界から隠れつつ進むことができた。

燃える太陽が体を焼きこがすような暑さの中を、私たちはさらに前進した。しかし、こうした不快さも、目的地が近づいていることを思えば、すべて忘れることができた。

使命は、もうすぐ達成されるのだ。

疲れ切った馬たちでさえ、私たちの希望と熱い気持ちを分かち合ってくれているように見えた。

ついにガルシアと会う

私はガルシア将軍の前にいた。

長く、つらい、多くの危険を伴う旅であった。

失敗のおそれ、死のおそれがある旅は終わった。

私はついに成功したのだ。


ガルシア将軍がいる軍本部前に到着すると、角度をつけて立てた棒から、入口のドアに向かって、キューバの旗が垂らされていた。

国を代表して訪れた使節に対するこうした儀式を、私は初めて知った。

私たちは一列になり、一斉に馬を下り、その横で待った。

ヘルバシオは将軍とよく知った仲である。

彼はドアに進み、そして入室の許可をもらった。

ヘルバシオはすぐガルシア将軍を伴って戻ってきた。

ガルシア将軍は、私に心のこもったあいさつをし、部屋の中に私の当番兵とともに入るようにと述べた。

将軍は彼の部下たちを私に紹介した。

全員が清潔な白い軍服を着て、銃を腰に携えていた。

そして、会うまで少し時間がかかってしまったのは、ジャマイカのキューバ機関からの私の人物証明をていねいに調べる必要があったからだ、とそのわけを説明してくれた。

私たちは、すぐに本題に入った。

私はガルシア将軍に、「自分の役割は、純粋に軍事に関することだ」といった。

私は、アメリカ合衆国政府の外交資格をもって送られているので、他にも自分にできることがないか聞くこともできたが、アメリカ大統領と軍当局は、キューバ東部の最新軍事情勢に関する情報をすぐにでも必要としているのであった（もっとも私とは別に二人の将校が、キューバ中部と西部にも派遣されたが、彼らは目的地に達することはできなかった）。

中でもアメリカ合衆国が、すぐに絶対必要とした情報は、スペイン軍に占領されている地域とその状況、スペイン軍兵士の数、将校の性格、特に指揮官の性格、スペイン軍の士気、キューバの地勢、地域ごとの情報と全体のそれ、交通網、特に道路の状態、などを正しく簡潔にまとめたものである。

アメリカ軍参謀幕僚《ばくりょう》が軍事作戦の計画を立てるためにも必要なのである。

最後に、ガルシア将軍は軍事作戦に関して、キューバ軍とアメリカ軍がいかに協同しつつ、またいかに分担するかの、重要な提案を出した。

私は将軍にいった。

「アメリカ政府は、キューバの軍事力について将軍が考えていることと同じ情報を得られて喜ぶに違いない」と。

また、「将軍の意に反しないのであれば、私もキューバ軍とともに、将軍が与えてくれた任務にしたがって、キューバの戦場で協力したい」といった。

しかし、ガルシア将軍は、私をアメリカに送り戻したいといった。

確かに、情報をより速くアメリカ政府に届けることが、何より大切なことであった。

ローワンの手記　その四

帰路につく

ガルシア将軍へ手紙を届ける旅は危険に満ちていたし、関係のない中立国を通過するということで、問題も多くはあった。

しかし、そこではほとんど戦いもなく、ジャマイカからの航海も快適だったし、キューバ兵たちも、よく私を守り案内してくれた。

だが、アメリカへ戻る頃には宣戦布告が行われ（訳注：宣戦布告は四月二十五日）、スペイン軍も厳戒状態だった。

スペイン兵士たちは、どの海岸もパトロールしていた。

すべての湾、すべての入江には、スペインの軍がいた。

要塞《ようさい》にある巨大な大砲は、戦争のルールを破るいかなる者に対しても断固として火を吹く準備をしていた。

敵の防御ライン内では、あらゆる点で私はスパイなのだ。

見つかれば絶体絶命である。

私たちが出航すると決めた時間は嵐が大暴れしており、波のうねりが激しいので、船を浮かべることができなかった。

しかし、待つこともまた危険であった。

満月の日だった。強い風が雲を追い払い、私たちの存在が見つかってしまうかもしれなかった。

十一時に出航した。

五人しか乗っていないにもかかわらず、ボートは重く、海中にかなり沈んでしまった。

ちぎれた雲が狂ったように月面を横切り、私たちを、かわるがわる隠したり、見せたりした。

四人はオールを必死に漕ぎ、一人が舵をとった。

私たちの小さな船は、よろよろと卵の殻のように上下に揺れ、長い時間、スペイン軍に捕らえられる範囲のところで浮かんでいた。

非常に疲れ切った私は、背を真っ直ぐにして座ったままで眠ってしまった。しかしそれも長く続かなかった。大きな波が私たちを襲ったからだ。小船は海水でいっぱいになり、今にも沈みそうになった。そのときから、誰一人として眠らなかった。

小船に入る海水を、くみ出し、くみ出し、くみ出し、夜が明けるまで、くみ出した。しかし海水でずぶぬれになってしまい疲れ果ててしまった。

水平線のもやの中から太陽の光線がちらりと見え始めたときは、みんなで大喜びした。

「汽船だ！」と舵を取っている仲間が叫んだ。

突然の恐怖が各人の心をかき乱した。スペインの戦艦だったらどうするんだ？

「二つ、三つ、いや驚いた、一ダースの汽船だ」

と舵取りの乗組員が叫んだ。

スペイン艦隊ではないのか？

いや、違う。

それは、アメリカの艦隊であった（訳注：司令長官は有名なサムソンで、日露戦争時に日本海軍連合艦隊の参謀となる秋山真之《あきやまさねゆき》も観戦武官として同乗していた）。

しかし、私たちは彼らの視界に入らず助けてもらえなかった。

これまでの人生の中で最も疲れ切った五人の男たちに、またしても夜が舞い降りてきた。

私たちは疲れ、ぼろぼろの状態であったが、ここで休息することは許されなかった。

暗闇が再び風を連れてきた。

そして風が再び強烈な波を連れてきた。

小さな船を浮かせておくために、また水をくみ出し、くみ出し、くみ出した。

そうして、やっと安心できたのは翌五月七日の朝十時頃である。

味方であるイギリス勢力下のバハマ諸島のアンドロスの南端にあるカーリィキイズを見つけたのである。

それからそこに上陸し、短い休息をとれたときは本当にうれしかった。

アメリカへの帰還

次の日の午後、私たちは検疫所《けんえきしょ》に保護された。
そこでは隔離され、キューバの黄熱病《おうねつびょう》に感染していないかどうかの診察を受けた。
次の日、アメリカ総領事からの外出許可が下り、検疫所を出られることになった。
後日、ワシントンへ行き、ガルシア将軍への協力についてマイルズ将軍に報告をした。
マイルズ将軍は私の報告を聞いた後、国防長官に次のような書面を提出してくれた。
「私はアンドリュー・S・ローワン中尉がアメリカ第十九歩兵予備連隊中佐に

昇進することを推薦する。

ローワン中尉は、ガルシア将軍指揮下の反乱軍とともにキューバを横断し、わが国政府に最も重要な、そして最高に貴重な情報を持ち帰ってきた。

これは、危険性が非常に高い計画であった。

私が考えるに、このローワン中尉は、戦史上特筆されるべき英雄的行動と沈着冷静かつ大胆さをもって、これを見事に成し遂げた」

その後、私は国家最高会議に出席した。

そこで、マッキンレー大統領は私への祝辞と、〝ガルシア将軍に会う〟という価値ある仕事を私がやり遂げたことへの感謝を述べてくれた。

そして、

「あなたは、本当に勇気ある仕事を成し遂げてくれた！」

といって私への言葉をしめくくった。

私は、当たり前のことをしたのである。

当たり前のこととは、理由をあれこれ尋ねるのではなく、指示、命令をやり遂げることである。

信頼に応えることである。

自分がやるべきことをやることである。

私は、ガルシアに手紙を届けたのだ。

第四章

解説　ローワンの手記から学ぶべきこと

三浦広

英雄の条件

英雄とは何か。

それは、やるべきことに対して、たとえ困難だとがわかっていても、挑戦し、**やり遂げる人のことである。**

ローワンは、スペインの支配から脱して自由を勝ち取ろうとしていたキューバの人々のため、また、それを助けるべしというアメリカ国民そしてアメリカ大統領の願いを実現するために、一身を捧《ささ》げた。

ガルシアへ手紙を届けることによって、それらを可能にするという計画は、大統領自身も述懐《じゅっかい》しているように、かなり危険であった。

敵の支配する島に単身（もちろん現地で助けてくれる仲間はいたが）乗り込んでいくというのは、死を覚悟しないとできないことである。

しかし誰かがやらなければならない。それを大統領はローワンに託した。

ローワンは、理由をあれこれ聞かない。

条件も出さない。

「命の保障はあるのか？　誰が助けてくれるのか？」などともいわない。自分が信頼されていることを知り、自分がやるしかないと思い、だからこそ何もいわずに、即行動を開始した。

もちろん、いかに困難な仕事かというのは、よくよく承知している。

また英雄とは、**ロマンチスト**である。

いつの時代も、英雄が新しい世界を開くきっかけをつくる。それは、そこにロマンを感じるからだ。

こういう人でなければ、自ら勇気を奮い起こし、困難な仕事に立ち向かうことはできない。バカバカしいと思うのが当たり前だからだ。

歴史上の英雄たちを見てもわかるように、ロマンチストには、文学的素養や歴史への造詣《ぞうけい》の深さが必要である。そして、愛する人たち（恋人、家族、友人）が、「自分の仕事や行動のことをよく理解してくれている。見ていてくれるのだ」との認識も必要だ。

そうでなければロマンは生まれにくい。

ローワンは、ジャングルの中を走っていても、目の前に死の危険が横たわっていても、自然の美しさに魅了され、苦しむ人々、自分の勇気ある行動に感激してくれている人々を見て心を動かされ、奮い立っていく。

感受性が強く、熱いエネルギーに溢《あふ》れるロマンチストこそ、英雄となりうる。

さらに英雄とは、**真の優しさを持つ人**である。

ローワンは本当に優しい。だから、この不可能に近い仕事をやり遂げられたのだ。

ローワンの優しさは随所に見ることができる。たとえば、ジャマイカの森の中を、夜、馬車で走りながら、ホタルが木々を照らし出すのを見て、「妖精の国だ」と感じる心を持ち、また、山や谷をともに登り下りした馬に、大変な目に遭わせて本当に申し訳なかったと感じるのである。

本当に軍人なのかと疑いたくなるような優しさを持っている。

しかしこの優しさゆえ、多くの人たちからの惜しみない助けを得られたのだ。

案内役の冷静沈着なヘルバシオも、文中で語られはしないが、この彼の優しさに心からほれ込んでいるようである。

彼の熱意と使命感、勇気、ロマンに加えてこの優しさが多くの人を引きつけ、困難な仕事をやり遂げさせたのだ。


最後に、英雄とは、**可愛げがある人**である。

ローワンは、人に愛される可愛げがあるのだ。

それは、キューバの山中で、老人と子どもたちの「ビバ」（万歳）の励ましに熱く感動したり、初めて会ったガルシア将軍と、すぐに打ち解け合っているところなどに垣間見える。

可愛げがある人とは、次のように定義できると思う。

「自分の夢と希望をしっかりと持ち、その目標に向かって努力しているが、それをあまり表面に出すことなく、懐《ふところ》が深く、相手の喜ぶものにいつも気づき、理解して、さりげなく気配りできる人」

これは、ローワンそのものであろう。

以上、ローワンは、

❶困難に挑戦し、やり遂げる
❷ロマンチスト
❸真の優しさを持つ
❹可愛げがある

という、英雄たるべき条件を備えた人である。

成功する人の条件

ローワンからは、いつの世でも求められる、成功する人の条件というものを学ぶことができる。

成功の絶対条件の一番目は「あきらめないこと」である。

イギリスの宰相だったチャーチルは、ナチス・ドイツとの戦いに国民が絶望しかけたとき、「絶対、絶対、絶対あきらめるな！」と熱く呼びかけ続けた。エルバート・ハバードの影響を受けたオグ・マンディーノが書いた『十二番目の天使』（求龍堂）の中でも、この言葉はくり返し強調されている。成功とはあきらめないことなのである。

ローワンの手記を読むと、ほとんど絶望的な状況の連続なのに、彼は「あきらめる」という言葉を忘れ去ってしまっているように見える。

敵哨戒艇《しょうかいてい》に発見されたり、キューバのジャングルで敵に遭遇したり、暗殺されそうになったり、アメリカに戻る小船の航海では、何日も漂流に近い状態であったりしても、泣き言をいわず、次の一手をいつも考えているのである。

だから、ローワンは見事ガルシアに手紙を届け、帰国することができたのだ。

これは私たちにも大きな励ましを与えてくれる。

目の前にどんな困難が現れようと、どんな苦しみがやって来ようと、次の手が何かあるはずだ。あきらめてはいけない。あきらめてさえしまわなければ、必ず、私たちの願いは最後には実現するのだ。
ローワンのように、絶対あきらめない生き方こそ、成功の条件なのである。

成功の絶対条件の二番目は「熱意と気概、使命感」である。

成功するためには、ローワンのように心の中で熱い使命感に燃えること。自分の生き方を信じ、仕事や勉強に励んでいこうと思うこと。少しでも人のため、社会のために役立つことは何だろうと考えることである。

成功の絶対条件の三番目は「明るさと前向きな気持ち」である。

夢に向かって進んでいくと、当然多くの困難にぶつかる。いちいち落ち込んではいられない。いや落ち込んでもいいが、すぐに立ち直ることができる復元力を持つのだ。その心の強さを持つためにも、前向きな明るさを養おう。
私たちは一人ではない。私たちが目指すことの実現を待っている人たちがいる。彼らのためにもがんばり抜きたい。

成功の絶対条件の四番目は「すぐ行動すること」である。

私がローワンの手記を読んでみて、改めてとても驚いたのが、彼がすぐに行動する人であるところだ。

「すぐに行け」という大統領や上司の指示があったとはいえ、すべて間髪を入れずに行動に移している。

目的であったガルシアに会い、手紙を届けたのち、余韻《よいん》にひたってもいない。アメリカにすぐ戻るという方針が決まるや、その日のうちに行動している。

とにかく、「よいこと」「やるべきこと」「課題」に対して、すぐに行動する人にこそ結果がついてくる。神も、天も味方する。動かない限り何も始まらない。

今も昔も、すぐ動くという人こそが、世の中に求められているのだ。

成功の絶対条件の五番目は「常に自ら進んで何をすべきかを考えていること」である。

何でも細かく指示をされない限り行動しない、何もできないという人がいる。いや、とても多いというべきか。

こういう人は、いつも不満だらけの人間であるといってもいい。自分からは何もしない。人のために自分が正しいだろうと思っても積極的に動こうとしない人であることが多い。だから、自ら何をすべきか考えようともしない。

自分が求められているのが何かを考えるのを避けてしまうのだ。

ローワンを見てほしい。ほとんど、自ら何をすべきか考えている。その中で、人の意見を採り入れることに対しても柔軟である。

なぜなら、それが自分が正しい方向に向かうことにつながるからだ。

ローワンのように、自分には何ができるのか、まわりの人たち、社会に対して何ができるのかをいつも考えている人こそ、今、最も求められている人材なのではないだろうか。

成功の絶対条件の六番目は「素直な性格」である。

この手記を読んで一番感心したのは、ローワンの、その素直な性格だ。

さまざまな問題が出てきたときに、最も適切な判断を下せる人の意見をよく聞く力がある。ここが、特に素晴らしいと思うのだ。

できる人、力がある人は、どうしても自信過剰気味になってしまう。これは使命感に燃える人の中にも多く存在する。

こういう人は他人のいうことに耳を貸さない。すべて自分が正しいと思い、自分ですべてを判断し、決定しないと気が済まないのだ。

ところが驚くことに、ローワンは自分の考えによる決定は少ない。いや、最後は自分が決定するのだが、より正しい情報や助言を採り入れようとしている。ヘルバシオなどの、最もその現場に精通している者たちの判断を重視する。

ガルシア将軍のアドバイス、決定に対しても同様である。

「ローワンをアメリカに送り戻す」というガルシア将軍の判断にすぐ従っている。

こういう素直さ、人の話を聞く力があるというところに、ローワンのすごさが見られる。

成功の絶対条件の七番目は「謙虚で思いやりがあること」である。

ローワンは大統領から最大の称賛を受けても、まったく驕《おご》るところがない。当たり前のことをしただけだといい切っている。

『ガルシアへの手紙』が出版された一九一〇年当時、アメリカで彼は大ヒーローだった。しかし、本人による手記は、それよりも十年もあとにひっそりと記されている。ここにもローワンの性格がよく表れている。

手記の内容も、本当に驕ったところがない。淡々と書き進められている。それにもかかわらず、そこからは、ローワンの熱い心の鼓動が伝わってくる。

このようなローワンの生き方から、世の中でよい仕事をし、成功する人の条件を学ぶことができる。

以上まとめてみると、世の中が求めてやまない人物とは次のような人となる。

❶絶対にあきらめない
❷熱意と気概、そして使命感がある
❸明るくて、前向きな生き方をする
❹すぐ行動する
❺自ら何をすべきかを考えている
❻素直で他人の話をよく聞く力がある
❼謙虚で思いやりがある

この七つのことを念頭に置いて生きていくことで、あなたの人生はより充実したものとなっていくはずである。

くり返し読むべき名著

ローワンが活躍したストーリーは、約百二十年も前のものだ。
ところが、まったく色あせることなく、私たちにさまざまな教訓を与えてくれる。

ローワンは軍人であり、キューバの独立をめぐるアメリカ—スペイン戦争の際のヒーローである。

しかし、このローワンの物語は、単に軍事上の英雄物語ではないといわなければならない。

現に、手記の中で目立つのは、人が死ぬような場面ではなく、ある目標に向かって、いかに多くの人たちが信頼し合い、自分の役割をしっかりとこなしたかというところだ。そのことを自身の手記で淡々と述べているところが、ローワンのすごいところである。

マッキンレー大統領やワーグナー大佐、そしてジャマイカのキューバ機関の人たちやヘルバシオなどのキューバ人たち。それに、ガルシア将軍とそれを助ける将校や兵士たちなど。さらには、料理をつくる人やそれを運んで給仕する人といった、すべての人たちが同じ目標に向かった強いきずなで結ばれているのだ。

そして、このようなみんなの大きな大きなきずなが、よい社会を築き上げるのだということを、ローワンはいいたいのではないだろうか。

ローワンは、思いやりのある謙虚な人である。自分がいかに苦労したかを少しも詳しく語ろうとしない。

キューバの熱帯雨林の中を歩くことは、その場所を知る人に聞くと、尋常ではないとのことだ。

まさに映画『インディ・ジョーンズ』（ハリソン・フォード主演、スティーヴン・スピルバーグ監督）のような世界である。

名も知らぬ虫、虫、虫。ヘビやサルや、よくわからぬ生き物たちがうようよいる。

しかも敵地である。その中を、いろんな人たちに助けてもらいつつ、ガルシア将軍への手紙を届けることができたのだ。

この、人と人のきずなこそ、現代社会で求められているのではないか。

そして、一人ひとりが自分を誇りに思い、自分の生き方を大切にし、自分のやるべきことをやるという、ローワンが手記の中で一番いいたかったであろうことの実践こそが、いつの時代においても大切なことなのだ。

エルバート・ハバードの『ガルシアへの手紙』とローワンの手記『ガルシアへの手紙を、いかに届けたか』を併せ読んでみると、一段とその素晴らしさが理解できるはずだ。

どちらも、くり返し、くり返し読みたいものである。

おわりに

『ガルシアへの手紙』は、著者であるエルバート・ハバードが、自身のさまざまな経験や思索の結果至った「人としてあるべき姿」を、主人公である実在の人物ローワンに重ね合わせ、物語としてまとめたものである。

ハバードはセールスマンとして成功したのち、新しい生き方を求めて、それまでの仕事を四十代のはじめに辞める。

その後は大学で勉強をしたり、様々な人たちと出会うために各国を旅行したりした。

そのときイギリスで出会った、詩人であり美術工芸家でもあるウィリアム・モリスの印刷・出版会社の質とプライドに感銘を受け、アメリカに戻って同様の会社を興す。

そして会社経営のかたわら、勤勉で積極的な生き方を説くために、執筆、講演活動をするようになった。

経営者としてのキャリアがあるため、『ガルシアへの手紙』においても、「経営者目線」を強く感じるところがある。

少々毒舌すぎるきらいもあるが、時代が変わっても不変の真理を説いていて、その強い言葉に強く心を揺さぶられ、背筋が伸びる思いがする。

私は『ガルシアへの手紙』を通して、著者のハバードに対しても興味が湧き、彼が遺した名言をよく読むようになった。

それらの言葉は、『ガルシアへの手紙』や「ローワンの手記」を貫いている〝理念〟をさまざまな形で表現していて、心に響きかつ勇気を与えられるものばかりである。

自己啓発の大家であるデール・カーネギーも、ハバードの多くの言葉を、名言として自分の著書の中でよく引用していた。

『スクラップブック』(DALE CARNEGIE,S SCRAPBOOK, 1959, Dale Carnegie & Associates, Inc.)の中でもハバードの名言がいくつか取り上げられているので、その一部を抜粋、翻訳し、巻末に付録として紹介することにした。
本書の最後を締めくくるものとして最適なものだと思うので、ぜひ、味わって読んでいただければと思う。

三浦　広

付録

エルバート・ハバードの言葉

① どんな人でも、少なくとも一日に一つ、自分には難しいと思うことに挑戦し、それをやり抜かない限り、人として大した成長はできない。

成功とは、挑む勇気、変わる意欲である。それが「ガルシアに手紙を届けられる人」である。

世界を代表する経営コンサルタントのトム・ピーターズも次のようにいう。

「毎日、かならずひとつ
すごいことをやれ
それができない日は
すごいことができるように死力を尽くせ」

(仁平和夫《にひらかずお》訳『ブランド人になれ！』ＣＣＣメディアハウス参照)

と。

変化の大きいこれからの時代、元気に、愉快にこの世の中を生きていくために、毎日勉強し、毎日自分を成長させようというのだ。

②家から出るときは、あごをひき、まっすぐに立ち、胸いっぱいに息を吸い、そして太陽の光をしっかりと体に入れよう。

友人たちには笑顔であいさつし、気持ちを込めた握手をしよう。人に誤解されることなど心配しない。自分を害するもののことなど決して考えない。

自分のやりたいことをしっかり心の中に刻み込む。目指す方向を見失わずに、目標にまっすぐ向かうのだ。

あなたの大きな夢や目指すべき素晴らしい人生を、いつも、いつのときも、忘れないでほしい。

そうすれば、サンゴ虫が、流れる海水の中から必要な栄養素を吸収しつつ、立派なサンゴをつくりあげるように、あなたも、月日がたつにつれて、自分の夢や願いを叶《かな》えるのに必要な機会を、自然に手にしているに違いない。

自分がなりたいと思う、役に立ち、しかも情熱を持った理想像を心の中に描こう。

そうすれば、時間がたつにつれて、そうした自分の思う人間となっていくのだ。

人の思いこそすべてである。

正しい心のありよう、それは、勇気を持つことであり、素直であることであり、明るく前向きであることだ。

正しい思考には、創造する力がある。すべてのことは願望から生まれ、すべての真摯《しんし》な思いは実現するのだ。私たちは心の思い定めるような人間になるのだ。

あごをひき、頭をまっすぐに立てよう。

私たちは神になる前の存在なのである。

エルバート・ハバードは、人は、心で思うような人間になるものだと述べる。

それも、「正しい思い」「気概」、そして「勇気ある心」「素直な心」「明るく前向きな心」があることが、すべてを実現する力を持つという。

そして、自分のなりたい姿をいつも心の中に描き、情熱を持ち、毅然《きぜん》と生きていこうと語る。

格調高く、私たちに「いかなる心を持つか」ということを教えてくれている。

③ **物事を成し遂げるのは、熱意のある人である。**

熱意こそ、物事を成し遂げるに必要な要素である。逆に、「熱意なしに成し遂げられたものはない」（ラルフ・ワルド・エマーソン）のだ。

④ この世では、ある一つのことをすれば、大きなごほうびを与えられる。それは、「積極的に取り組む」ことだ。

何に積極的に取り組むのか。

教えてあげよう。

それは、「人にいわれることなしに、自ら、正しいことをすること」にである。

これはまさに『ガルシアへの手紙』の中にも書いてあることだ。

人は、自ら進んで意欲的に物事に取り組まないという傾向がある。

しかし逆に、自ら積極的に正しいこと、やるべきことに取り組む人に、望むものがすべて与えられることになるのである。

それをエルバート・ハバードは強調したいのだ。

⑤悩みは仕事よりも多くの人を忙殺する。なぜなら、多くの人たちが、仕事よりも悩みと格闘しているからだ。

悩みには二通りのものがある。自分の力で解決できるものと、そうでないものである。

後者は、悩むのはまったくナンセンスで、人生の命取りになりかねない。

しかし、多くの人は、この自分の力でどうにもならないことにあれこれ悩んでしまう傾向がある。

だから、仕事も人生もうまくいかないことが多くなる。こうした悩みは、きっぱり忘れてしまうことが肝心ではないのか。

前者については、その解決に前向きに取り組むべきである。

⑥ きつい、そしていらついた言葉を口にするのは愚かしい。しかし、より愚かなのは、それを手紙に書いて送ることである。

人は無礼な手紙を受け取ると、すぐに十倍もひどい内容にした無礼な手紙を送り返すだろう。

そして、どちらの手紙もゴミ箱に投げ捨てられることになるのだ。

デール・カーネギーも『人を動かす』（創元社）の冒頭で、アメリカ第十六代大統領リンカーンの逸話を紹介しながら、他人を口汚く批判することの愚かさを強調している。

批判された人は、その相手を憎む。よいことは決してないのだ。

⑦ 真の友とは、あなたのすべてを知っていて、それでもあなたのことが好きな人のことである。

人は、どこまでも（たとえ地獄までであろうとも）魂を理解し合える友を持てるほどの喜びはない。

人生とは、そうした友を探し求める旅であると、ギリシャのある哲学者はいった。

⑧天才とは、ただ、努力の継続ができる人のことをいう。

成功と失敗の差はほんのちょっとしたところにあるから、そこに私たちは気づかないことがある。あまりにも背中合わせなので、成功が間近にあるのを見過ごしてしまう
成功目前で、あと少しの努力、あと少しのがまんというところで、いかに多くの人たちがあきらめてしまうことか。波がきれいにひくのは、すぐ次の波が押し寄せてくるためだ。
実際、成功の方向に向きかけているときが、最も困難に見えるときなのである。

あと少しの辛抱、あと少しの努力で、絶望的な状況が、素晴らしい成功に転じるのだ。

努力をあきらめない限り、失敗なんてこの世にはないのだ。

自分の心の内から来る敗北以外に敗北はなく、自分自身の持っている意志の弱ささえ克服すれば、乗り越えられない障害なんてないのだ。

自分の心の内から生ずる敗北以外に敗北は存在しないとは、まさにクラウゼヴィッツの『戦争論』の強調するところでもある。

そして、「心の弱さ以外には、越えられない障害など存在しない」といい切るエルバート・ハバードのなんと力強い励ましの言葉だろうか。

⑨ 支払われる報酬以上のことは絶対しないという者は、それ以上の報酬がもらえることは決してない。

『ガルシアへの手紙』で著者が説くように、自ら意欲的に求められている以上の結果を出そうとする者は、その望みがすべて叶えられる。

そして報酬のことなどで悩むことはないのだ。

⑩いつまでも無知でいる秘訣は、実にやさしい。
いつも自分の考えだけを肯定し、
自分の知識だけに満足していればよいからだ。

サミュエル・スマイルズも説くように、人生の行方を決めるのは「向上心」だ。
そして、福沢諭吉が説くように「学ぶ意欲」である。
反省と勉強なしに、人の成長はないのだ。

解説

茂木《もぎ》　健一郎《けんいちろう》（脳科学者）

『ガルシアへの手紙』は、人間の行動力、やる気、勇気などの成り立ちを考える上での「永遠の名著」である。アメリカの歴史の転換点に、マッキンレー大統領から、キューバのどこにいるかわからないガルシア将軍への手紙を託された男、ローワン。そんなことは無理ですとか、もう少し情報をくださいなどと言わずにミッションを完遂したローワンの生き方から、私たちは多くを学ぶことができる。この原書に惹《ひ》きつけられて、世の中に広めることを決意した三浦《みうら》広《ひろし》さんもまた、現代に生きる一人の「ローワン」なのだろう。

現代は情報化社会であるが、生きる上で大切なこと、チャレンジに満ちたことほど、情報も少なく正解もわからない。そんな中、私たちは生きていく。情報が足りないから、正解がわからないからと言って行動をためらっていたら、明日は開けない。どこにいるのかわからない相手への手紙を託され、それを届けたローワン。彼は職務に忠実だったとも言えるし、生きることの原理にかなっていたとも言える。

この世界に生まれ落ちた私たちはみな、ローワンのような状況にある。学びや仕事、人生全般は、ある意味では取扱説明書のない「無茶ぶり」であり、「無理ゲー」なのだ。十分な説明や、情報を待っていたら、あるいはどうすべきかという段取りや地図が手に入るまで待っていたら、人生の時間はどんどん過ぎていってしまう。

大切なのは、「私は行動する」とまず決めることである。その上で、どうすればいいか、どんな計画を立てればいいか、どうやって困難を乗り越えればいいかは実際に動きながら考えればいい。シリコンバレーの起業家などがしばしば使う言葉に「マドルスルー」がある。泥の中のような、困難だらけのプロセスを、なんとか進んでいく、そんなイメージである。ビジネスや人生はスマートにコスパよくできるほど簡単ではない。即座に実現できることには価値がない。『ガルシアへの手紙』において、ローワンはまさにマドルスルーしたわけだが、そのような意味のある「無茶ぶり」を自分に課すことができるようになることが、本書を読んだ上での一つの「成果」だろう。

ところで、現代社会における仕事などの多くの活動は、一人でやるものではない。たくさんの人が協力し合って進めていくことで、素晴らしい成果を上げることができるのだ。

その際に重視されるのが、リーダーとフォロワーの関係である。ヴィジョンを持ち、指導力を発揮できる人が全体を率いていくことで、チームを成功に導くことができる。そのことで、チームメンバーもまた、自分たちのエネルギーを有効に使うことができる。リーダーとフォロワーが、ともに「自己実現」できるのが、チームワークの素晴らしさである。

世の中ではリーダーが注目されがちだが、二〇一〇年のTEDで、リーダーをリーダーにするのはフォロワーだと熱弁したのが、起業家のデレク・シヴァーズさんだった。草地の上で若者たちがピクニックをしている。やがて、一人の若者が「裸踊り」を始める。最初は怪訝《けげん》そうに見ていた周囲の人たちだが、その楽しそうなありさまに共感して、やがて一人、二人、三人……と一緒に踊る「フォロワー」が出てくる。そのうちに、私も私もと加わる人が続出して、やがて、たくさんの人がともに踊るチームができる。

この動画を使いながら、シヴァーズさんは、「リーダーをリーダーにするのはフォロワーなのだ」と強調した。リーダーばかりが注目されているが、ある人のヴィジョンを信じて、それについて行こうとするフォロワーがいるからこそ、リーダーはリーダーになり、チームワークは成立する。説得力のあるこのトークは、全世界に拡散した。

『ガルシアへの手紙』もまた、リーダーとフォロワーの物語と読むこともできる。リーダーが示したミッションを、いかに工夫して遂行することができるか。ローワンは見事なフォロワーだったし、マッキンレー大統領は素晴らしいリーダーだったといえる。当時のアメリカ合衆国にとって、ガルシア将軍に手紙を届けることがきわめて重要だったこと。そして、そのミッションを達成することは、一人の勇気ある人物に託されるべきだったこと。そのようなさまざまな状況判断を積み重ねて、大統領の決断は行われ、ローワンは知恵の限りを尽くして実行した。リーダーとフォロワーの卓越したチームワークが、『ガルシアへの手紙』の一つの読みどころである。

脳科学では、リーダーとフォロワーの脳活動にどのような特徴があるかという研究が行われている。その結果わかったことは、リーダーの脳では前頭葉の神経細胞の活動の統合性が高いということだった。つまり、リーダーは世界を認識し、自分の意志を貫き、実行する前頭葉の統合作用が高い。それに対して、フォロワーの脳では、リーダーに従っている時には一時的に前頭葉の活動を低下させていることがわかった。言い換えれば、フォロワーは、リーダーに前頭葉の働きを一時的に預けることによって、見事なチームワークを実現しているのである。

前頭葉の活動の一時的な低下は、カリスマ性のある人物に接している人の脳でも起こることがわかっている。リーダーとフォロワーの関係は、前頭葉のネットワークを通した一つの社会的事象なのである。

『ガルシアへの手紙』で大切なのは、ガルシア将軍に手紙を届けるというミッションの選択が、当時の国際情勢、アメリカの置かれた立場にとって最適なものだったということである。いわば、それはサッカーで言えば「キラーパス」であり、古代中国のたとえを使えば「乾坤一擲《けんこんいってき》」の大勝負だった。そのようなマッキンレー大統領の判断を信頼できたからこそ、ローワンは万難を排してミッションに向かうことができたのである。

実際は、リーダーの選択が必ずしも信頼できないことも多い。会社などの組織においてしばしば見られる不都合は、リーダーであるはずの人のヴィジョンが不明確で、方針も揺らいでしまうことだろう。

『ガルシアへの手紙』におけるローワンは、リーダーに恵まれていた。しかし、一般社会においては、必ずしもそうではない。行動すること、目標達成に向けて努力することは大切だが、肝心の目標自体が不適切だったり、ヴィジョンが間違ったものだったりすると目も当てられない。

理想的なのは、自分自身で目標を定め、ヴィジョンを抱くことができて、しかもそれを実行する勇気があることである。できれば、『ガルシアへの手紙』におけるマッキンレー大統領とローワンの両方の素養を兼ね備えた人になればいい。行動することが大切だと言っても、適当に手足を動かしているだけでは成功はおぼつかない。まずは、どうしても遂行すべき目標を定める必要がある。そのためには、さまざまな情報を収集し、分析し、判断する「インテリジェンス」が重要になる。

言うまでもなく、アメリカ合衆国はインテリジェンス大国である。一方、日本におけるインテリジェンスは十分ではない。インテリジェンスは、国家の将来だけにかかわるのではない。自分はこの世の中でどのようなことを学んで、何を仕事とし、いかに目標に近づくのか。そのような生き方のインテリジェンスがあることが、『ガルシアへの手紙』で大切とされている行動力の大前提であることを忘れてはいけない。

マニュアルに頼ったり、指示待ちだったり、そのような行動力を欠く現状は大いに反省してほしい。その一方で、めったやたらと行動すればいいというものでもなく、大胆な実行をする際には必ずそれを支える精緻《せいち》なインテリジェンスがなければいけないことを忘れてはいけない。

インテリジェンスとは、言い換えれば自分の人生の羅針盤のようなものである。『ガルシアへの手紙』を読んで行動力や勇気の大切さに目覚めた人は、今度は、現代社会全般や自分の関心のあることについてのインテリジェンスを大いに磨いてほしい。そのためには、たくさんの本を読み、情報を収集して自分の見る世界を広げ、分析を鋭くし、ものの見方を深めるしかない。

インテリジェンスという羅針盤を得て、行動力を発揮する上では、やはりメンタルの部分が重要になってくる。経済学者のジョン・メイナード・ケインズは、人の行動を駆動する「アニマルスピリッツ」に注目した。未来がどうなるかわからなくても、正解が見えなくても、とにかく行動することが大切なのである。

しばらく前には、一年が七年に相当するという「ドッグイヤー」や、一年が十八年に当たる「マウスイヤー」が喧伝《けんでん》された。あの頃は、社会の変化がある程度方向づけられ、一刻も早くそのアップデートを実現することが肝心だと見なされていたのである。

時代が流れて、今の世相を象徴するのは「ピボット」である。バスケットボールにおいて、軸足を中心にくるくると回転して方向を変えるように、容易に見通すことのできない世界の中でとにかく疾走し、方向を変え続ける。そのようなピボットの精神こそが、現代において必要とされる。

これからの時代に求められるのは、やるべきことを見抜くマッキンレー大統領のインテリジェンスであり、困難にも負けずに実行するローワンの実行力であり、そして必要に応じて即座に方向転換するピボットの精神だろう。

『ガルシアへの手紙』という永遠の名著で温故知新を味わうことは、素晴らしい出発点になる。ぜひ、原典の魅力に加えて、三浦広さんの愛情と知恵にあふれる解説が展開されたこの素晴らしい一冊を脳にインストールして、これからの激動の時代を楽しんで歩んで行っていただきたいと思う。

誰にでも、一生に一度くらいは、届けるべき手紙（＝達成すべきミッション）に出会うはずだ。

あなたの手紙は何ですか？

それは、誰に（どこに）届けるべきなのでしょう？

あなたにとっての『ガルシアへの手紙』は何でしょう？

この本を読んだ後、その余韻の中で、この問いをしばらく心の中で揺らしていただけたらと思う。

本書は、二〇一七年七月にグローバルブックスより刊行された単行本を加筆修正のうえ、文庫化したものです。

ガルシアへの手《て》紙《がみ》

エルバート・ハバード　アンドリュー・S・ローワン
三《み》浦《うら》 広《ひろし》＝訳

令和5年 1月25日　初版発行
令和6年 12月15日　再版発行

発行者●山下直久

発行●株式会社KADOKAWA
〒102-8177　東京都千代田区富士見2-13-3
電話　0570-002-301（ナビダイヤル）

角川文庫 23515

印刷所●株式会社KADOKAWA
製本所●株式会社KADOKAWA

表紙画●和田三造

●お問い合わせ
https://www.kadokawa.co.jp/（「お問い合わせ」へお進みください）
※内容によっては、お答えできない場合があります。
※サポートは日本国内のみとさせていただきます。
※Japanese text only

ISBN 978-4-04-113274-6　C0198

◆◇◇